Editionen für den Li[illegible]
Herausgeber: Dietr[illegible]

Materialien

Hermann Hesse

›Unterm Rad‹

Ausgewählt und eingeleitet
von Eckhard Glöckner
und Thomas Lange

Ernst Klett Stuttgart

Inhaltsverzeichnis

Einleitung

Das Schicksal des begabten Hans Giebenrath, den der Ehrgeiz seines Vaters und der Lokalpatriotismus seiner Heimatstadt »unters Rad« drängen, steht für eine Erziehung, die ohne Rücksicht auf die innere Reifung und Entwicklung des heranwachsenden Menschen das Individuum in ein System der Zwänge einspannt, in dem es letztlich zerbrechen muß.

In Hesses ›Unterm Rad‹ wird die resignative Tendenz des deutschen Bildungsromans zur Desillusion gesteigert: Das Streben nach humanistischer Bildung erweist sich als sinnlos, weil der als ideal gedachte Bildungsgang den Leistungszwängen der autoritären wilhelminischen Gesellschaft um die Jahrhundertwende unterworfen und zerstört worden ist.

Der Roman ›Unterm Rad‹ kann in folgende Zusammenhänge gestellt werden:

- Schulverhältnisse um 1900 (Kapitel I),
- biographischer Hintergrund (Kapitel II),
- literarische Tradition und Literaturgeschichte (Kapitel III),
- heutige Wirkung des Romans (Kapitel IV).

Zu Kapitel I: Die Materialien sind so angelegt, daß Hesses Roman in mehrfacher Hinsicht auf den sozial- und schulgeschichtlichen Hintergrund des ausgehenden 19. Jahrhunderts bezogen werden kann:

1. die Funktion des klassischen Bildungsprogramms um die Jahrhundertwende,
2. die Aufgaben der Lehrerseminare, der Kadettenanstalten und der Klosterschulen in Württemberg,
3. die gesellschaftlichen Bedingungen der damaligen Erziehung.

Zu Kapitel II: Hesse verarbeitet in seinem Roman eigenes Schülerleid. Er selbst wurde – nichtangepaßt und deshalb scheiternd – von der Institution und von den Eltern zum Außenseiter gestempelt. Zugleich zeigen seine Briefe aber auch, daß er als Jugendlicher Energie zur Opposition besaß und in der schriftstellerischen Tätigkeit einen Ausgleich fand, der ihm das physische und geistige Überleben möglich machte. Im Roman stilisierte er über zehn Jahre später diese Jugendkrise, indem er seine persönlichen Konflikte auf zwei Figuren – Giebenrath und Heilner – übertrug. Der von Hesse erlebte und künstlerisch gestaltete Prozeß läßt sich psychoanalytisch als Pubertätskrise, als Problem der Ich-Findung und der Entwicklung eines Ich-Ideals deuten, das Hesses Entwicklung als Dichter lebenslang bestimmte. Verschiedene Aspekte dieses Problems finden sich in der Biographie und im Roman.

Zu Kapitel III: Literaturgeschichtlich ist ›Unterm Rad‹ nicht eindeutig einem bestimmten Stil oder einer bestimmten literarischen Bewegung zuzuordnen. Die literaturwissenschaftlichen Interpretationen betonen je nach den Standpunkten ihrer Verfasser die impressionistischen, stimmungshaften oder die gesellschaftskritischen Momente des Romans. Entsprechend gegensätzlich wird auch der Schluß, der Tod Giebenraths, gedeutet.

›Unterm Rad‹ gehört in seiner Thematik zu den zahlreichen zeitgenössischen Romanen – z. B. Frank Wedekinds Drama ›Frühlings Erwachen‹ (1891), Emil Strauß' Roman ›Freund Hein‹ (1902), Rainer Maria Rilkes Erzählung ›Die Turnstunde‹ (1902), Heinrich Manns Roman ›Professor Unrat‹ (1905), Robert Musils Roman ›Die Verwirrungen des Zöglings Törleß‹ (1906) –, die sich kritisch mit dem Einfluß der Schule auf die Jugend auseinandersetzen. Hesses Roman steht zwar auch in der Tradition des deutschen Bildungsroman – z. B. Goethes ›Wilhelm Meisters Lehrjahre‹ (1795), Gottfried Kellers ›Der grüne Heinrich‹ (1854/55), Wilhelm Raabes ›Der Hungerpastor‹ (1864) –, doch wird, wie in vielen der Schülerromane, der Bildungsprozeß vom Kind aus gesehen, auf die Schuljahre begrenzt und sein Ende nicht als realistische Resignation, sondern als Katastrophe gestaltet.

Zu Kapitel IV: Die Wirkung des Romans läßt sich hier unter folgenden Gesichtspunkten untersuchen:

1. Erfolg des Romans 1905/06: Nähe zur Jugendbewegung,
2. Auf und Ab in der Einschätzung des Romans bis heute,
3. Widerspruch zwischen der meist kritischen Beurteilung des Romans durch die Literaturwissenschaft und dem allgemeinen Erfolg beim Publikum.

I. Schulverhältnisse um 1900

1. Gerd Hohendorf: [Schule um 1900]

(1957)

[. . .] Bis zum Jahre 1920 waren in den meisten Ländern die höheren und niederen Schuleinrichtungen völlig voneinander getrennt. Zu den höheren Schulen gehörten zumeist besondere Vorschulen, welche die Schüler in einem dreijährigen Lehrgang auf den Besuch der höheren Schule vorbereiteten. In Preußen wurden in den Jahren 1905/06 von 29 101 Schülern Vorschulen besucht. Ungefähr die Hälfte aller Schüler höherer Lehranstalten erhielt dort ihren ersten Unterricht. Außerdem bestand die Möglichkeit, die Kinder in privaten Volksschulen oder durch Privatlehrer auf den Besuch der höheren Schule vorbereiten zu lassen. Im Jahre 1901 existierten in Deutschland 643 private Volksschulen, in denen 41 328 Schüler unterrichtet wurden. Diese privaten Schulen erhoben ein so hohes Schulgeld, daß es nur den Kindern der Reichen möglich war, sie zu besuchen.
In Preußen kamen vor dem ersten Weltkrieg nur fünf Prozent aller Schüler in den Genuß einer weiterführenden Schulbildung. Die Plätze in den höheren Lehranstalten waren nahezu ausschließlich den Kindern der herrschenden Klasse vorbehalten. [. . .] [Lediglich wenigen begabten Kindern aus ärmeren Schichten wurde punktuell der Zugang zur höheren Bildung über Lehrerseminare, Kadettenanstalten oder Klosterschulen eröffnet – die Hrsg.]
Die Volksschule wurde als Armeleuteschule bezeichnet. Im Jahre 1899 betrugen im Deutschen Reich die Kosten für einen Volksschüler 40 Mark, für einen Schüler in höheren Lehranstalten aber 243 Mark. [. . .] In der Epoche des Imperialismus stand dem wenig ausgebauten Volksschulwesen ein differenziertes höheres Schulwesen

gegenüber. Die Gymnasien gehörten zu den ältesten Typen der höheren Schulen. In ihren Lehrplänen nimmt der Unterricht in den alten Sprachen den größten Raum ein. Noch nach der Jahrhundertwende standen 65 Wochenstunden Latein nur 26 Wochenstunden Deutsch in neun Schuljahren gegenüber. [. . .]

Karl-Heinz Günther u. a.: Geschichte der Erziehung. Volk und Wissen Volkseigener Verlag, Berlin 1957, S. 354 f. Ausschnitte.

2. Jens Christensen: [Kritik an den humanistischen Bildungsanstalten]

(1885)

[. . .] Nun aber bilden ihre alten Schmöker ein treffliches Mittel, um zwischen den sogenannten ›klassisch Gebildeten‹ und den andern Menschenkindern einen recht dicken Strich ziehen zu können, und das verschafft ihnen Ansehen. Es ist ja in der Tat auch sehr angenehm, wenn man sich auf eine so bequeme Art und Weise das Recht erwerben kann, auf neunzehn Zwanzigstel der Menschheit mit einem mitleidigen Lächeln herabblikken zu dürfen. [. . .] Noch unerträglicher wird der ganze Hokuspokus dadurch, daß der angehende Student es trotz aller Arbeit nicht so weit bringt, das vielgerühmte Corpus juris oder das Neue Testament in der Ursprache wirklich lesen zu können. Die allermeisten Juristen und Theologen müssen bei ihren Studien neben dem Original entweder eine deutsche Übersetzung gebrauchen, oder alle Augenblicke im Wörterbuche nachschlagen. Und das nennen sie dann »Textkritik üben«.

Man könnte diese Wichtigthuerei belachen, wenn die Sache nicht zugleich eine sehr ernste Seite hätte. Denn es ist offenbar eher traurig als lächerlich, wenn Tausende von Kindern gezwungen werden, sich acht bis zehn Jahre lang wöchentlich 20, ja 30, 40 Stunden mit solchem geisttötenden Formalismus abzuquälen, wie es der klassische Sprachunterricht in seiner gegenwärtigen Gestalt ist.

Von den sechs täglichen Schulstunden werden nämlich in den Oberklassen gewöhnlich drei fürs Griechische und Lateinische verwendet, und die häuslichen Präparationen und schriftlichen Übersetzungen erfordern in der Regel mindestens ebenso viel Zeit. Da werden denn zuerst lange Reihen von Vokabeln auswendig gelernt, dann dekliniert, konjugiert und kompariert, und endlich zur Einübung der verschiedenen Formen und Regeln eine Reihe nichtssagender Sätzchen aus den fremden Sprachen ins Deutsche übersetzt und umgekehrt. Endlich beginnt die Lektüre der Klassiker, zuerst höchstens zehn Zeilen in der Stunde, später bringt man es wohl auf fünfzig oder sechzig. Beim Lesen muß natürlich möglichst gründlich verfahren werden, auf der Unter- und Mittelstufe muß in der Regel jedes Wort mit bezug auf seine grammatischen und lautlichen Eigentümlichkeiten hin untersucht werden, dazu werden Regeln zitiert, es wird dekliniert, konjugiert, interpretiert und analysiert, kurz: die Geistesarbeit, die hier betrieben wird, ist so langweilig wie nur möglich. In den Oberklassen kommt dann noch das Skandieren, sowie die Beschäftigung mit Parallelstellen und Textvarianten hinzu. Aber vom Hauche klassischen Geistes keine Spur! [. . .]

Jens Christensen: Der moderne Bildungsschwindel in Schule und Familie sowie im täglichen Verkehr. Leipzig 1885, S. 64 f. Ausschnitte.

3. H. Vockeradt: [Abschiedsrede für Abiturienten]

(1902)

[. . .] So wird es denn eine aller Anstrengung werte Aufgabe sein, geliebte Abiturienten, in Ihrem zukünftigen Leben den Geist des Altertums mit dem Geist des Christentums zu vermählen, würdige Zöglinge der Alten und warme Heger und Pfleger christlicher Gesinnung zu sein und so das höchste und idealste Ziel zu erreichen, das in unserem vom niedrigsten Realismus so vielfach angefressenen Zeitalter dem gebildeten Menschen gesteckt werden kann. [. . .]

H. Vockeradt: Ein letztes Wort der Abschiedsstunde – 12 Schulreden. Paderborn 1902, S. 41. Ausschnitt.

4. Heinz-Joachim Heydorn/Gernot Koneffke: [Funktion des Humanismus]

(1973)

[. . .] War der griechische Traum als Erlösung im Spieltrieb, als freie, schöne Welt auch schon längst ausgeträumt, so blieb doch die Notwendigkeit, sich dem noch immer herrschenden Feudalismus gegenüber zu rechtfertigen. Er blieb die ›leisure clas‹, letzthin eine Klasse der Zweckfreiheit; etwas davon mußte auch für die bürgerliche Klasse gelten, als Selbstbestätigung, wenn auch nicht mehr mit dem Homer in der Tasche und der Sehnsucht nach befreiender Antizipation. An die Stelle der politischen Hilflosigkeit, in der der frühe Neuhumanismus die Dichotomie der Geschichte geistig überspringt, war schon früh ein restaurativer Charakter getreten, der den griechisch-heidnischen Ursprung der Gymnasien ausgelöscht hatte. [. . .] Dem Humanismus fällt die immaterielle Rechtfertigung des Realismus zu, er ist die brüchige Jenseitigkeit eines brutalisierten Diesseits. Noch möchte sich auch das Bürgertum über seine wahren Intentionen betrügen; über Kriegsschiffen und Chemiekombinaten schwebt noch das Bild des harmonischen Menschen, ein letzter Hauch Winckelmannscher Antike. [. . .]

Heinz-Joachim Heydorn/Gernot Koneffke: Studien zur Sozialgeschichte und Philosophie der Bildung, Bd. 2. (List TB 1667.) List, München 1973, S. 182, 211. Ausschnitte.

5. Christa Berg: [Wesen der Volksschule]

(1973)

[. . .] Die in der Religion begründete Sittlichkeit galt als eine der tragenden ideologischen Säulen des Staatswesens. Sie war darum die erste Aufgabe der Volksschule. Unter diesem Aspekt hatte die Schule einen ähnlichen Rang wie die Kirche: Hüterin wie Vermittlerin religiöser Sittlichkeit zu sein. In der Bestimmung dieses Erziehungsziels stimmten Staat und Kirche völlig überein. Beide Kirchen, unverändert die bedeutendsten gesinnungsbildenden Mächte der Zeit, wiederholten darüber hinaus immer wieder in Denkschriften und Eingaben ihre Ermahnungen, die Rechte der Kirche an der Erziehung der Jugend nicht zu beschneiden, der christlichen Erziehung, an der sich die Kirchen seit je »uneigennützig« beteiligt hätten und die für die Sittlichkeit des Volkes vonnöten sei, die Vordringlichkeit zu belassen. Die Kirchen suchten geradezu die Hilfe des Staates, um ihren Einfluß auf die Schulen zu bewahren. [. . .]

Christa Berg: Die Okkupation der Schule. Quelle & Meyer, Heidelberg 1973, S. 91. Ausschnitt.

6. Fritz Böttger: [Zur Klosterschule in Maulbronn]

(1974)

[. . .] Seit den Tagen der Reformation war in der alten Zisterzienserabtei aus dem 12. Jahrhundert eine protestantische »Klosterschule« untergebracht, eines der »niederen« evangelischen »Seminare« des Landes Württemberg, in dem die vierzehn- bis achtzehnjährigen Knaben zum Studium der Theologie vorbereitet wurden. Hier, wo schon Hölderlin und Herwegh ihre schulische Ausbildung genossen, bestimmten seit dem 16. Jahrhundert die Prinzipien evangelischer Jugenderziehung den Lehrbetrieb. Griechisch und Latein wurden zwar besonders gepflegt, aber diese klassischen Studien strebten keine weltliche Bildung an, sondern standen im Dienste lutherischer Rechtgläubigkeit. Wie schon zu Zeiten Melanchthons blieb die Frömmigkeit Hauptbestandteil des gemischten Lehrprogramms aus altsprachlichen Übersetzungsübungen, deutschsprachigem Literaturwissen und protestantischer Bibelgelehrsamkeit. [. . .] Was den Geist der Zeit betraf, so hatte sich die Anstalt vor allem dem neudeutschen Militarismus angepaßt. In der Turnstunde tobte ein wilhelminischer Schultyrann: »Sie sollten zum Militär kommen! Sie sollte man auf Staatskosten schlauchen für Ihr ewiges Phlegma!«[1] [. . .]

Fritz Böttger: Hermann Hesse. Leben, Werk, Zeit. Verlag der Nation, Berlin 1974, S. 37f. Ausschnitte.

7. Annette Leppert-Fögen: [Kleinbürgertum]

(1974)

[. . .] Mit der Entwicklung des industriellen Kapitalismus wurde aus dem frühen Bürgertum, das ehemals den technischen und gesellschaftlichen Fortschritt verkörperte, das Kleinbürgertum. [. . .] Von oben *und* unten, von den beiden Hauptklassen der Gesellschaft als solcher bedroht, entfaltete das Kleinbürgertum jene ›diffuse‹ Aggressivität, die sich beim ›Autoritären‹ als allgemeines Charaktermerkmal wiederfindet. [. . .] Die Normen von Pflicht, Ehre, Ordnungsliebe, Sparsamkeit, Sauberkeit usw., die zusammengenommen das Über-Ich des Autoritären prägen, sind, ihrer Herkunft nach, bürgerliche Normen. In der Starrheit, in der sie vom Kleinbürgertum vertreten (und im Sozialisationsprozeß über-

(1) Brief Hesses aus Maulbronn, 11. 10. 1891; nach: Ninon Hesse (Hrsg.): Kindheit und Jugend vor Neunzehnhundert. Hermann Hesse in Briefen und Lebenszeugnissen 1877 – 1895. Suhrkamp, Frankfurt a. M. 1973 (zuerst 1966), S. 120.

tragen) werden, gelten sie jedoch keineswegs innerhalb der Gesamtgesellschaft. [. . .] Die tragisch-komischen Aspekte, unter denen der Kleinbürger bereits bei Balzac erscheint, basieren ausschließlich auf seiner mißlingenden und desto ernsthafter betriebenen Identifikation ›nach oben‹, die bis heute zu seinen Wesensmerkmalen zählt. [. . .] Die Dressurmaßnahmen, die diesem Muster folgen, lassen sich als ›Erziehung‹ kaum noch interpretieren; ihr Ziel ist nicht die Ich-Entwicklung des Kindes, sondern die Wiederaufrichtung der gestörten Identität des ›Erziehers‹. [. . .] Bezogen auf den typisch kleinbürgerlichen Sozialisationsprozeß bedeutet dies, daß das Kleinkind bereits zum Opfer der elterlichen Statusängste wird, daß die Konfrontation mit ›unechten‹ Normen, die es nicht absorbieren kann, die Grundlage für den späteren, extremen Konventionalismus schafft, der – samt seinen Begleiterscheinungen, dem Denken in Stereotypen, dem Mangel an Spontaneität und Phantasie – den autoritären Charaktertypus kennzeichnet. [. . .] Was gesellschaftlich akzeptiert und hilfreich beim Aufstieg in der gesellschaftlichen Hierarchie ist, wird als ›gut‹ angesehen; was abweicht, was anders ist und gesellschaftlich unten steht, hält man für ›schlecht‹. [. . .]

Annette Leppert-Fögen: Die deklassierte Klasse. Fischer Bücherei 6523. Fischer, Frankfurt a. M. 1974, S. 248, 255, 228, 234, 231, 233. Ausschnitte.

8. Wilfried Gottschalch: [Sozialgeschichtliche Aspekte des Romans]

(1977)

[. . .] Sozialgeschichtlich gesehen erschien das Buch in einer Zeit, in der viele Bürger in einen vorindustriellen Antikapitalismus zu fliehen versuchten, für den hier die Stichworte ›Wandervögel‹, ›Landerziehungsheime‹ und ›Heimatschutz‹ stehen sollen.

Hermann Hesse führt uns denn auch nach Calw, der

kleinen Schwarzwaldstadt, und in das theologische Seminar Maulbronn, beides Orte, abgelegen von jenem historischen Prozeß, in dem Deutschland industrialisiert wurde und imperialistische Großmachtpolitik wagte. Aber die Geschichte wird noch ein Stück weiter verdrängt. [...] Die Enthistorisierung der Familiengeschichte erlaubt Hermann Hesse den Verzicht, jene Konflikte zu bearbeiten, die sich gerade daraus ergaben, daß die elterliche Familie eben nicht ganz in die kleinstädtische Lebenswirklichkeit von Calw integriert war, sondern teilnahm an einem Protestantismus, der einerseits vaterländisch gebunden, andererseits nicht nur imperialistisch, sondern auch kosmopolitisch, also weltbürgerlich orientiert war, diese unterschiedlichen Aspekte der Welt- und Jenseitssicht aber nicht zu versöhnen vermochte. [...]

Wilfried Gottschalch: Schülerkrisen. rororo 7070. Rowohlt, Reinbek bei Hamburg 1977, S. 169 f.

II. Biographischer Hintergrund

1. Hermann Hesse: [An die Eltern]

Maulbronn, nach dem 15. September 1891

[. . .] Nebenbei bemerkt: Mir und den Herrn Lehrern gehts gut [. . .] Also morgens um $6\frac{1}{2}$ Uhr ist Aufstehzeit für den ganzen Winter, um 6.50 muß man fertig sein. [. . .] Um 6.50 ist Prezieren (Andacht). (NB: Wir haben noch viele derartige lat. Wörter aus der Mönchszeit z. B. Dorment, Prezieren, Rekreation etc.). [. . .] Nach dem Gebet ist Frühstück, wobei besonders die Milch sehr knapp bemessen ist, aber auch vom Kaffe bekommt keiner Magendrücken. [. . .] In der Woche haben wir 41 Lectionsstunden, die Arguments- und Arbeitsstunden nicht gerechnet. Doch fehlts auch nicht an Ausgangsfreiheit z. B. täglich von $12\frac{1}{2}$–2 Uhr. [. . .]

Ninon Hesse, s. o., S. 108 f. Ausschnitte.

2. Hermann Hesse: [An die Eltern]

Maulbronn, September 1891

[. . .] Gestern bekamen wir unsre gedruckten Statuten! Ich will einiges daraus schreiben!

§ 6: Es ist nicht erlaubt, während der Arbeitszeit zu essen.

§ 10: Nirgends darf Speise oder Getränk gegen Bezahlung angenommen werden. Zum Besuch eines jeden Gewerbshauses ist die Erlaubnis des Ephorats nötig.

§ 13: Das Rauchen (von Cigarren od. aus Pfeifen) ist den Zöglingen verboten.

§ 17: Die Zöglinge tragen sich anständig nach der Sitte anderer junger Leute ihres Alters mit Vermeidung alles Auffallenden in Stoff, Farbe und Schnitt des Kleides. [. . .]

Ninon Hesse, s. o., S. 110 f. Ausschnitt.

3. [Aus dem Tagebuch der Mutter, Marie Hesse]

7./8. März 1892

[. . .] Um 5 Uhr kommt der Postmann und ruft vor der Stubentür laut: »Ein Telegramm!« [. . .] es ist aus Maulbronn [. . .] »Hermann fehlt seit zwei Uhr. Bitte um etwaige Auskunft.« Welcher Schrecken! [. . .] War das eine Schmerzensnacht! [. . .] Zuerst hatte mich die Angst, Hermann sei in besondere Sünde und Schande gefallen, es sei dem Entweichen etwas besondres Böses vorausgegangen, ganz qualvoll gefoltert, so daß ich ganz dankbar wurde, als ich endlich das Gefühl bekam, er sei in Gottes barmherziger Hand, vielleicht schon ganz bei ihm, erlöst, gestorben. In einem der von ihm so bewunderten Seen ertrunken? [. . .] Jedes Unglück, jedes bloße in Gottes Hand fallen, schien mir leichter zu tragen als Verschuldung von Hermanns Seite. [. . .]

8. März 1892

Nun Gottlob! Das Kind ist selbst wiedergekommen, unterwegs von einem Landjäger gefragt, wo er hinwolle? hatte er gesagt: nach Maulbronn. »Dann gehen wir zusammen.« [. . .] er hatte die bitter kalte Nacht auf freiem Felde zugebracht [. . .] Die Professoren nehmen's sehr ernst, sie fürchten partielle Geistesverwirrung, etwas Krankhaftes. Das ist's ja auch und wir sind sehr in Sorge. Da er bisher so gerne in Maulbronn war, ist's uns unerklärlich, daß er fortlief. [. . .]

Ninon Hesse, s. o., S. 181 ff. Ausschnitte.

4. Johannes Hesse: [An den Sohn]

9. März 1892

[. . .] Und das ist's nun, um was wir Dich bitten möchten. Unterwirf Dich allem, was jetzt von Untersuchung, Strafe und Zurechtweisung über Dich ergehen wird nicht nur äußerlich ohne Widerspruch, sondern so, daß

Du auch innerlich nicht dagegen aufbegehrst, sondern Dir sagst: habe ich's nicht wegen dieser Sache verdient, so doch wegen allerlei anderer Verirrungen und Versäumnisse. [. . .]

Ninon Hesse, s. o., S. 185. Ausschnitt.

5. Schulleitung Maulbronn: [An Hesses Vater]

11. März 1892

Sehr geehrter Herr,
gestern ist im Lehrerkonvent über die Bestrafung Ihres Sohnes Hermann beraten worden, und ich habe die Pflicht, Sie von dem gefaßten Beschluß in Kenntnis zu setzen. Wir waren darin einig, daß die Verfehlungen Hermanns nicht als vorbereitetes und zweckbewußtes Entweichen anzusehen, auch nicht eine Äußerung des Mutwillens oder Trotzes sei, und daß die große geistige Aufregung und Störung, in welcher er gehandelt hat, als Milderungsgrund betrachtet werden müsse. Es wurde deshalb eine Karzerstrafe von 8 Stunden festgesetzt, welche Hermann morgens von ½1–½9 Uhr verbüßen wird.
Außerdem war es die übereinstimmende Ansicht des Konvents, daß das Verbleiben Hermanns im Seminar in doppelter Hinsicht nicht wünschenswert sei. Nämlich erstlich in seinem eigenen Interesse. Es ist bei der Untersuchung seines Vergehens an den Tag getreten, daß es ihm in hohem Grad an der Fähigkeit fehlt, sich selbst in Zucht zu halten und sein Gemüt in die Schranken einzufügen, welche für sein Alter und für eine erfolgreiche Erziehung in einem Seminar notwendig sind. Wir sind daher der Überzeugung, daß für ihn der Besuch des Gymnasiums, wenn er dabei in einer Familie untergebracht würde, wo er zu gleicher Zeit in fortwährender Zucht und Überwachung stünde und dabei durch das Familienleben gemütliche Anregung fände, um vieles vorteilhafter sein müßte. Fürs zweite aber glauben wir,

daß sein Aufenthalt im Seminar für seine Mitschüler eine Gefahr werden könnte. Er ist zu erfüllt von überspannten Gedanken und übertriebenen Gefühlen, denen sich hinzugeben er nur zu geneigt ist. Wenn er nun diese seinen Kameraden mitteilt, so wird er entweder, wie dies bisher der Fall war, kein Verständnis finden und sich infolge davon, nach seiner eigenen Aussage, vereinsamt und verkannt fühlen, oder aber, und das wäre eben mit der Zeit doch zu fürchten, wird er auch andere in seine unnatürliche und ungesunde Gedanken- und Gefühlswelt hineinziehen. [. . .] Im Anschluß erlaube ich mir eine Zusammenstellung der Auslagen, welche durch Hermanns Entweichen veranlaßt worden sind, beizulegen [. . .]

Ninon Hesse, s. o., S. 189 f. Ausschnitte.

Nach mehreren Krisen (siehe Zeittafel) und immer größerer Entfremdung von seinen Eltern wird Hesse in die Heilanstalt Stetten gebracht.

6. Hermann Hesse: [An den Vater]

Stetten, 14. September 1892

Sehr geehrter Herr!

Da Sie sich so auffällig opferwillig zeigen, darf ich Sie vielleicht um 7 M oder gleich um den Revolver bitten. Nachdem Sie mich zur Verzweiflung gebracht, sind Sie doch wohl bereit, mich dieser und sich meiner rasch zu entledigen. Eigentlich hätte ich ja schon im Juni krepieren sollen.

Sie schreiben: Wir machen Dir gar keine »schrecklichen Vorwürfe«, weil ich über St[etten] schimpfe. Dies wäre auch mir durchaus unverständlich, denn das Recht zu schimpfen darf man einem Pessimisten nicht nehmen, weil es sein einziges und letztes ist.

»Vater« ist doch ein seltsames Wort, ich scheine es nicht zu verstehen. Es muß jemand bezeichnen, den man lieben kann und liebt, so recht von Herzen. Wie gern hätte ich eine solche Person! Könnten Sie mir nicht einen Rat geben. In alter Zeit war das Fortkommen leicht: jetzt ist's schwer, ohne Scheine, Ausweise etc durchzukommen. Ich bin 15jährig und kräftig, vielleicht könnte ich an der Bühne unterkommen?

Mit Herrn Schall [Inspektor der Heilanstalt – die Hrsg.] mag ich nicht verhandeln, der herzlose Schwarzfrack ist mir verhaßt, ich könnte ihn erstechen. Er gönnt mir keine Familie, so wenig als Sie oder irgend jemand.

Ihre Verhältnisse zu mir scheinen sich immer gespannter zu gestalten, ich glaube, wenn ich Pietist und nicht Mensch wäre, wenn ich jede Eigenschaft und Neigung an mir ins Gegenteil verkehrte, könnte ich mit Ihnen harmonisieren. Aber so kann und will ich nimmer leben und wenn ich ein Verbrechen begehe, sind nächst mir Sie schuld, Herr Hesse, der Sie mir die Freude am Leben nahmen. Aus dem »lieben Hermann« ist ein anderer geworden, ein Welthasser, eine Waise, deren »Eltern« leben.

Schreiben Sie nimmer »Lieber H.« etc; es ist eine gemeine Lüge. Der Inspektor traf mich heute zweimal, während ich seinen Befehlen nicht nachkam. Ich hoffe, daß die Katastrophe nimmer lang auf sich warten läßt. Wären nur Anarchisten da!

H. Hesse, Gefangener
im Zuchthaus zu Stetten,

wo er »nicht zur Strafe« ist. Ich beginne mir Gedanken zu machen, *wer* in dieser Affaire schwachsinnig ist. Übrigens wäre es mir erwünscht, wenn Sie gelegentlich mal herkämen.

Ninon Hesse, s. o., S. 268 f.

7. Hermann Hesse: [An die Eltern]

Stetten, 22. September 1892

Liebe Eltern!

Verzeiht den letzten Brief, bitte! Ihr wollt mir wohl nimmer schreiben. Ich kann nicht fliehen, wohin sollte ich? Ich kann niemand mehr klagen und bitten, ich bin allein. Ich könnte mir's leicht machen, indem ich um Verzeihung bäte, aber ich tu es nicht, ich habe hier in Stetten abgebüßt. [. . .] Jetzt erst, da ich Eure Liebe verloren, fühle ich, daß ich Euch doch so sehr liebe, aber ich möchte nimmer heim, ich kann es nicht. [. . .]

Ninon Hesse, s. o., S. 271.

Hesse bringt auf eigenen Wunsch einige Wochen bei einem Pfarrer in Basel zu. Dieser schreibt:

8. Pastor Pfisterer: [An Hesses Eltern]

Basel, 12. Oktober 1892

[. . .] Er ist nun eine Woche hier und ich kann sagen, etwas wirklich Abnormes hab ich bei ihm noch nicht bemerkt. [. . .] Im Ganzen habe ich den Eindruck, der Mensch ist für sein Alter zu entwickelt. Er hat in der Literatur gute Kenntnisse, aber über sein Alter. [. . .] Er erzählt mir, wie er von Stetten aus öfter in Cannstatt mit Erwachsenen zusammen gekommen sei, z. B. mit Herrn Maser [. . .] dem Dichter und sie mit ihm verkehrten als mit ihresgleichen. Das taugt nicht; es ist nichts Kindliches mehr da in den Anschauungen. [. . .]

Ninon Hesse, s. o., S. 285. Ausschnitte.

9. Hermann Hesse: [An seinen Lehrer]

1. Juni 1895

[Hesse hatte an diesen ehemaligen Lehrer am Cannstatter Gymnasium einige seiner Gedichte geschickt.]

[. . .] Eine dichterische Individualität begann sich erst etwa im vierzehnten Jahr auszubilden [. . .]. Damals übte das Kloster Maulbronn und das Klosterleben einen bedeutenden Einfluß auf mich aus. Doch begann wirklich eigenes Dichten erst später. Ich verließ Maulbronn, krank und verdorben durch allzu bunte Lektüre, ich fühlte mich unverstanden, elend, die Ahnung des Weltschmerzes quälte mich [. . .]. Jetzt erst habe ich allmählich wieder Ruhe und Heiterkeit gefunden, bin geistig gesund geworden – von jener bösen Zeit voll Zorn und Haß und Selbstmordgedanken will ich nimmer sprechen, [. . .] Immerhin hat sie mein dichterisches Ich ausgebildet; die tollste Sturm- und Drangzeit ist glücklich überstanden. [. . .]

Ninon Hesse, s. o., S. 467 f. Ausschnitte.

Die Herausgeber haben aus den Briefen Hesses und seiner Eltern nur die Abschnitte ausgewählt, die in engster Verbindung mit dem Zweck standen, den autobiographischen Hintergrund zu ›Unterm Rad‹ zu liefern. Der lebensgeschichtliche Zusammenhang der brieflichen Äußerungen ergibt sich aus der ›Zeittafel‹ (s. u. S. 38). Wegen des knapp bemessenen Raumes war es unmöglich, die kulturgeschichtliche und psychologische Vielfalt auszuschöpfen, die in der umfangreichen Sammlung von Lebenszeugnissen Hesses enthalten ist, von seiner Frau Ninon unter dem Titel ›Kindheit und Jugend vor Neunzehnhundert‹ (Suhrkamp Verlag, Frankfurt a. M. 1966) herausgegeben. Die im Rahmen dieser Textauswahl notwendige Beschränkung auf den Schulkonflikt Hesses führte zur Vernachlässigung anderer Züge (z. B. des Pietismus im Elternhaus), die sich bei der Lektüre des Romans ›Unterm Rad‹ zwanglos ergänzen.

10. Alexander und Margarete Mitscherlich: [Ich-Ideal und Pubertätsnarzißmus]

(1967)

[... Der] Energiezuwachs der Adoleszenz kann aber auch ein Übermaß an aggressiven Impulsen freisetzen, insbesondere wenn der Jugendliche die Lösung von den Eltern mit einer Lösung von Über-Ich-Identifikationen verbindet, das heißt, die ursprünglich an den Eltern orientierte Über-Ich- oder Gewissensbildung wird dann auf Grund ihrer Herkunft mit der Bindung an sie abgelehnt und aufgegeben. Dabei werden neben den aggressiven auch noch die bisher in diesen Identifikationen gebundenen narzißtischen Strebungen befreit, was die Heftigkeit und Selbstherrlichkeit vieler pubertärer Regungen verständlicher macht. [...]

Dabei ist der Pubertätsnarzißmus [...] keineswegs nur lustvoll, sondern von zahlreichen Depressionen begleitet. Einer der Gründe dafür ist die Bildung eines übertriebenen und deswegen außerordentlich empfindsamen Ich-Ideals, das bei der Lösung von den elterlichen Figuren eine beträchtliche Quantität der Libido an sich bindet. Durch die hohen und kaum zu erfüllenden Forderungen, die dieses Ich-Ideal an das eigene Ich stellt, entsteht mit den Erschütterungen im Selbstwertgefühl eine erhebliche Kränkbarkeit, die sich in den häufigen Verstimmungen des Jugendlichen ausdrückt, ohne daß ihm die Ursache zu seinen Depressionen oder Affektausbrüchen klar bewußt wird. Der Konflikt ist darin zu suchen, daß die Objektliebe, die sich von den idealisierten Elternfiguren abwendet, vom Ich-Ideal darin gestört wird, sich statt dessen auf das eigene Ich zu richten, weil dieses nicht als ideal genug empfunden wird. Das heißt, der Jugendliche kann jetzt weder seine Eltern noch sich selbst lieben und wird gezwungen, Besetzungsmöglichkeiten zu suchen, die das Ich-Ideal ihm erlaubt.

Diese Form der Pubertät, in der die Lösung von den Elternbildern mehr zu narzißtischen Besetzungen als zu neuen Objektbeziehungen führt, ist gewiß nicht ohne Gefahren. Sie kann jedoch, und darin liegt ihre produktive und erweiternde Möglichkeit, den Jugendlichen in seiner Suche nach Vollkommenheit zu immer neuen Auseinandersetzungen mit Idealen, geistigen Inhalten und Zielen zwingen. [. . .] Die Wertbeständigkeit der Identifikationen mit den Eltern hängt jedoch nicht nur davon ab, ob die Eltern einer realeren Einschätzung standhalten können, sondern in hohem Maß auch von der Qualität der Gefühlsbindung zwischen Eltern und Kindern. Je gleichgültiger, unaufrichtiger oder ambivalenter die Eltern ihren Kindern gegenüberstehen, um so zerbrechlicher oder neurotischer pflegen die Identifikationen mit ihnen zu sein. Auch der Zeitfaktor spielt eine Rolle. Das Bild der idealisierten Eltern und die Identifikation mit diesem Bild können zu früh verlorengehen, zu einer Zeit, in der das Ich in seiner Entwicklung nicht genügend gefestigt ist, um diese Enttäuschung ohne traumatisierende narzißtische Einbuße ertragen zu können. Dies kann neben manchen anderen Faktoren die Ausbildung eines gesunden und ausgeglichenen Narzißmus erheblich stören und eine lebenslange Labilität des Selbstwertgefühls verursachen. [. . .]

Alexander und Margarete Mitscherlich: Die Unfähigkeit zu trauern. R. Piper & Co., München 1977 (zuerst 1967), S. 241, 242, 244. Ausschnitte.

III. Gegensätzliche Interpretationsansätze in der Literaturwissenschaft

1. Ernest Rose: [Realistische und impressionistische Züge]

(1965)

[. . .] Aber Hans Giebenraths Schicksal zeigt, daß das existentielle Problem des Autors nicht durch eine romantische Realitätsflucht gelöst werden kann. Giebenrath geht zugrunde, weil es ihm an Willenskraft und Selbstbehauptung mangelt. Sicher, die Natur kann ihn zeitweise wiederbeleben, aber er kann nicht ewig in Isolierung existieren. [. . .] Die Gesellschaft, in die Hans Giebenrath hineingeboren wurde, ist mit nicht wenig Fehlern behaftet. Aber die Verantwortung für seinen Tod liegt nicht allein bei der Gesellschaft. [. . .] Der Roman entfaltet eher eine elegische Stimmung als eine von gesellschaftlicher Anklage. Doch ›Unterm Rad‹ ist nicht nur Ausdruck einer passiven Phase. In seinen Angriffen auf institutionalisierte Religion und orthodoxe Rechtschaffenheit, in seinem einfühlsamen, aber trotzdem nicht unkritischen Porträt des schwäbischen Pietismus zeigt Hesse eine gesunde Religiosität. Auch ist es ein Zeichen seelischer Gesundheit, daß die Natur keinesfalls als romantischer Traum aufgefaßt wird. Freuden und Erregungen des Angelns werden realistisch wiedergegeben. Die Beschreibung der Kleinstadt enthält sowohl die Schilderung der Leute von der anderen Seite des Bahndamms als auch die von Hans Giebenraths ungeschliffenen Handwerkskumpanen.

Der Stil der Geschichte ist nicht naturalistisch. Die meisten Leute sprechen Hochdeutsch, nicht Schwäbisch. Er wird durch eine impressionistische Einheit der Stimmung geprägt. Obwohl es Untertöne von bitterem Sarkasmus und wohlwollender Ironie gibt, wird wirklicher

Humor selten verwendet. Nur die eindeutige Sympathie des Autors mit dem Helden und seinem Freund Hermann bringt bis zu einem gewissen Grad Variationen in die Stimmung. Der Nachteil dieses Stils ist ein gewisser Mangel an Plastizität. In dieser Hinsicht läßt auch die Charakterisierung von Hans Giebenrath manches zu wünschen übrig. [. . .]

Ernest Rose: Faith from the abyss. Hermann Hesse's way from romanticism to modernity. New York University Press, New York 1965, S. 62 f. Übersetzt von den Herausgebern.

2. Hans Kaufmann: [Politisch pointierte Systemkritik]

(1974)

[. . .] Die Geschichte des zart organisierten Knaben Hans Giebenrath [. . .] weitete Hesse bewußt zu einer politisch pointierten Systemkritik aus. Die Analyse Hesses galt einer Pädagogik, nach der die menschlichen Naturanlagen nicht etwa entwickelt, sondern als unbrauchbar, unberechenbar zerstört und durch staatserhaltende Eigenschaften ersetzt werden müßten. Die Schule steht aber für die ganze Gesellschaft, deren Instrument sie ist, und die Verpreußung Deutschlands wurde ausdrücklich kritisch apostrophiert. Auch in diesem Roman lädt sich die Gesellschaftskritik auf eine für Hesse charakteristische Weise zu einem Antizivilisationseffekt auf. Doch der Verzicht darauf, ein romantisches Wunschbild in die Luft zu konstruieren, die Dominanz der Analyse wirklicher Lebensbeziehungen heben dieses realistische Werk aus dem Vorkriegsschaffen Hesses heraus. [. . .]

Hans Kaufmann u. Autorenkollektiv: Geschichte der deutschen Literatur. Vom Ausgang des 19. Jahrhunderts bis 1917. VEB Volk und Wissen, Berlin 1974, S. 108 f.

3. G. W. Field: [Tod aus Hoffnungslosigkeit]

(1977)

[. . .] Damit bleibt Hans Giebenrath als Mittelpunkt der ausklingenden Jugendtragödie. Es ist nicht nur sein Abgang von der Schule, der ihn in den Tod treibt. Als Lehrling fühlt er sich in der Gesellschaft der Handwerksburschen nicht unglücklich. Was seine Lage hoffnungslos erschwert, sind die ersten sexuellen Regungen und seine Unfähigkeit, die tief eingegrabenen Tabus zu überwinden. [. . .] Ob Hans am Ende in der Trunkenheit seinen Weg verfehlt und ertrinkt oder ob er sich absichtlich das Leben nimmt, wird offengelassen. Wie der Leser den Tod deutet, bleibt aber unwichtig, weil das Leben des jungen Hans hoffnungslos geknickt und ohne Zukunft erscheint. [. . .]

G. W. Field: Hermann Hesse. Kommentar zu sämtlichen Werken. Akademischer Verlag Hans-Dieter Heinz, Stuttgart 1977, S. 79. Ausschnitte.

4. Fritz Böttger: [Tod als Protest]

(1974)

[. . .] Die Szene in der mechanischen Werkstatt hat nicht die Funktion, den Bruch mit der bürgerlichen Welt und einen optimistischen Neubeginn in einer plebejisch-proletarischen Arbeitswelt zu zeigen, sondern sie soll eigentlich nur die Fallhöhe dieses begabten Knaben vom verheißungsvollen Anwärter auf eine glorreiche Gelehrtenlaufbahn zum wenig tauglichen ›Landexamensschlosser‹ sichtbar machen. [. . .] Sein Tod [. . .] ist der Protest gegen jene in der Erzählung so vielsagend enthüllte Unterdrückung und Knechtung eines jungen Menschen. [. . .]

Fritz Böttger, s. o., S. 134. Ausschnitte.

5. Ignatz Bick: Erkennen und Erforschen der Kindheit

(1931)

[. . .] Dies Buch hat die ausgesprochene Absicht, den Ursachen des geistigen und körperlichen Zusammenbruchs eines begabten Kindes nachzuspüren. Es erweist sich, daß das Kind letzten Endes der Vergewaltigung seiner wahren Natur durch die Erwachsenen erliegt. [. . .] Wohl läßt der Ehrgeiz den Schüler das gleiche Ziel erstreben, das sich die Lehrer für ihn gesetzt haben, aber da dies Ziel ein Wahn ist, der weder menschlicher Wahrheit noch kindlichem Lebensbedürfnis entspricht, so erfolgt der Zusammenbruch mit äußerster Folgerichtigkeit. [. . .] Hans Giebenrath war immer folgsam und seinen Erziehern nicht weniger widerstandslos hingegeben als Rousseaus ›Emile‹[2] dem seinen. Niemals hatte er seinem Vater absichtlichen Kummer bereitet. Es kam ihm gar nicht der Gedanke, es gäbe vielleicht andere Werte als die, die ihm als solche bezeichnet wurden. Als er unter dem Einfluß des Freundes zu einiger kritischer Einsicht gelangte, war es zu spät, sein Untergang besiegelt. [. . .]

Knapp und klar, in lückenloser Folgerichtigkeit entwikkelt Hermann Hesse hier seine Anklage; jeden Überschwang, jedes heftigere Wort vermeidet er sorgfältig. Er läßt die Ereignisse vollkommen für sich sprechen, ohne das geringste Räsonnement einfließen zu lassen, und nur der Schluß bringt die direkte, um so wirksamere Beschuldigung [. . .].

Ignatz Bick: Das Erziehungsproblem im modernen Roman seit dem Naturalismus. Frankfurt a. M. 1931 (Dissertation), S. 81, 84. Ausschnitte.

---

(2)* Roman (1762) von J.-J. Rousseau (1712 – 1778), schildert an einem Beispiel die Erziehung als sorgfältig geplante Entfaltung der natürlichen Anlagen des Menschen.

6. Heinrich Geffert: Hesse als individualistischer Gegner der Schule

(1927)

[. . .] Wir können uns über die Stellung Hesses zur Schule kurz fassen [. . .] Sie ist temperamentvoll-einseitig und vielfach von Ressentiment diktiert. Das zeigt sich durchgehend in seiner Darstellung; die Lehrer sind nirgends individuell gestaltet; [. . .] Inwieweit hat Hesse mit dem Vorwurfe recht, die Schule berücksichtige nicht die Individualität des Kindes? Es ist dieselbe Anklage, die auch Ellen Key erhebt. »Das eigene Wesen des Kindes zu unterdrücken und es mit dem anderer zu erfüllen ist noch immer das pädagogische Verbrechen, das auch die auszeichnet, die laut verkünden: daß die Erziehung nur die individuelle Natur des Kindes ausbilden solle.«[3] Im Falle Hesse handelt es sich im wesentlichen um die Forderung, daß auch den Ausnahmenaturen, den ›Genies‹, in der Schule ihr Recht werden müsse. [. . .] Was besagt diese Forderung, sobald wir sie in die Praxis der Schule übersetzen? [. . .] »Bei solcher Zurückhaltung [des erwachsenen Lehrers gegenüber dem kindlichen Eigenleben – die Hrsg.] fühlen die Kinder sich enttäuscht, im Stich gelassen und geben sich den Nichtigkeiten des Augenblicks hin [. . .] Wer es auf sich nimmt, [. . .] auf solche Art die kindliche Produktivität und Gestaltungskraft zu ertrotzen, der treibt ein verantwortungsloses Spiel mit der Jugend, der zu dienen er fälschlich vorgibt.«[4]

Wir sehen: Wollte man die Forderung des eigenen Weges in der Erziehung und im Unterricht im Sinne Hesses verwirklichen, so müßte man eine schöpferische Kraft und einen Reichtum der Seele voraussetzen, durch die der einzelne befähigt wäre, aus Eigenem zu leben und ohne die Einwirkungen fremden Seelenlebens sich zu

---

(3) Ellen Key: Das Jahrhundert des Kindes. Volksausgabe, S. 87. Berlin 1907.

(4) K. Zeidler: Die Wiederentdeckung der Grenze. Jena 1925, S. 32.

entfalten. Diese Voraussetzungen sind jedoch in der Wirklichkeit nicht gegeben; der Mensch steht vielmehr von Ursprung her in der Gemeinschaft. [. . .]

Heinrich Geffert: Das Bildungsideal im Werk Hermann Hesses. Hamburg 1927 (Dissertation), S. 99 f.

IV. Zur Wirkung Hesses

1. Hermann Hesse: Begegnungen mit Vergangenem

(1951)

[. . .] In der Geschichte und Gestalt des kleinen Hans Giebenrath, zu dem als Mit- und Gegenspieler sein Freund Heilner gehört, wollte ich die Krise jener Entwicklungsjahre darstellen und mich von der Erinnerung an sie befreien, und um bei diesem Versuche das, was mir an Überlegenheit und Reife fehlte, zu ersetzen, spielte ich ein wenig den Ankläger und Kritiker jenen Mächten gegenüber, denen Giebenrath erliegt und denen einst ich selber beinahe erlegen wäre: der Schule, der Theologie, der Tradition und Autorität.
Wie gesagt, es war ein verfrühtes Unternehmen, auf das ich mich mit meinem Schülerroman einließ, und es ist denn auch nur sehr teilweise geglückt. So hatte ich, als später das einst viel umstrittene Buch in Vergessenheit geriet – es ist seit sehr vielen Jahren aus dem Buchhandel verschwunden –, wenig dagegen, daß mein kleiner Schulroman der Kritik und mir selbst sachte aus den Augen geraten war, und ließ es gern dabei bewenden. [. . .]

Hermann Hesse: Briefe an Freunde. Rundbriefe 1946–1962. suhrkamp taschenbuch 380. Suhrkamp, Frankfurt a. M. 1977, S. 88 f. Ausschnitt.

2. Christiane Völpel: Hermann Hesse und die deutsche Jugendbewegung

(1977)

[. . .] Die als ›verlorengegangen‹ empfundene Natürlichkeit des Lebens sollte durch engen Kontakt mit der Natur wiederhergestellt werden. So begann in Deutschland

das regelmäßige Jugendwandern ohne entscheidende Aufsicht der Erwachsenen. [...] Diese ›ästhetisch gefärbten‹ Wandervögel, die anfänglich, ohne einer übergeordneten Idee zu folgen, in die Natur hinauswanderten, fanden in Hermann Hesses ›Peter Camenzind‹ und ›Unterm Rad‹ all jenes ausgesprochen und ausformuliert, was bei ihnen noch teilweise als bloßes ›Unbehagen‹ am Bestehenden, in Form eines Gefühls, empfunden wurde. In ähnlich naiver Weise stellte Hesse das Problem des Jugendlichen in dieser Zeit in den Vordergrund dieser beiden Werke. Ohne die – jedoch inhaltlich stärker konkretisierte – Abstraktion des ›kindlichen Alters‹ bei Hesse zu verstehen, vollzog die Jugend den Lebensweg des Peter Camenzind und Hans Giebenrath nach, zumal beide Erzählungen stark autobiographischen Charakter aufweisen. [...] Es fiel der Jugend leicht, sich durch selbsterlebte Situationen in Elternhaus und Schule mit dem Geschehen in ›Unterm Rad‹ und ›Peter Camenzind‹ zu identifizieren. Sie erkannte in diesen Werken eine Aufforderung, im Gegensatz zu der sie umgebenden Konvention, die Erlebnisse in der Natur zu suchen und auf diesem Wege den Akt der Selbsterziehung und -verwirklichung zu vollziehen. [...]
Es ist darum kaum verwunderlich, daß ein solcher Roman, der 1906, also gerade in der bedeutendsten Zeit für die Entwicklung der Wandervogelidee, erschien, eine so große Resonanz erfuhr. Die Jugend fand in Hesses Roman ›Unterm Rad‹ ihren Kritiker an den überkommenen Traditionen und fühlte sich in ihrem eingeschlagenen Weg gegen diese Mächte bestätigt. [...]

Christiane Völpel: Hermann Hesse und die deutsche Jugendbewegung. Dissertation. Bouvier Verlag Herbert Grundmann, Bonn 1977, S. 213–215, 205 u. 206. Ausschnitte.

3. Bernhard Gajek: Hermann Hesses Wirkung in den USA

(1977)

[. . .] Hesse ist nach wie vor umstritten, und sein Werk ist Gegenstand einander ausschließender Urteile. Die einen sprechen Gottfried Benns Diktum nach: Hesse sei »ein durchschnittlicher Entwicklungs-, Ehe- und Innerlichkeitsromancier – eine typisch deutsche Sache«.[5] Die anderen verehren ihn still und kauffreudig und machen ihn zum individuellen Wegweiser. An den deutschsprachigen Universitäten hat man sich allenfalls in den fünfziger Jahren mit diesem Autor beschäftigt. Seither fehlt der Name Hesses in den Vorlesungsverzeichnissen fast völlig. [. . .]

Im halbwissenschaftlichen Bereich brachte der ›Spiegel‹[6] anläßlich der ›Gesammelten Schriften in 7 Bänden‹[7] einen Verriß des Werkes wie der Person – unter den Titeln ›In der Gartenlaube‹ und ›Im Gemüsegarten‹ [. . . zeichnete er] das Porträt eines literarischen Gernegroß, der sich vor den deutschen und europäischen Problemen ins Tessin zurückgezogen habe, um dort ›Kleingärtnerfreuden‹ zu frönen und ›der Stimme tief drinnen‹ zu lauschen; [. . .] Zur gleichen Zeit hatte, was Hesse betrifft, – eine Gegenbewegung eingesetzt – in England und in den USA. [. . .] Ralph Freedmann schrieb in ›The New York Times Book Review‹ vom 4. Januar 1970 darüber: »His revival here has turned into a vogue, the vogue into a torrent.«[8] Kurz zuvor – im Oktober 1968 – hatte der Rezensent des ›Timemagazin‹ festgestellt, Hesse »has achieved in less than twenty years the status of a literary cult figure in this country.«[9] [. . .]

---

(5) Brief an Ernst Robert Curtius, in: Ausgewählte Briefe, mit einem Nachwort von Max Rychner. Wiesbaden 1957, S. 200.
(6) 12. Jg. Nr. 28, 9. Juli 1958, S. 42 – 48.
(7) Suhrkamp, Frankfurt a. M. 1957.
(8) Angeführt nach Werner Weber: Forderungen. Zürich 1970, S. 86 f.
(9) Angeführt nach Theodore Ziolkowski: Saint Hesse among the Hippies. In: The American Germanic Review XXXV, 1969, S. 19.

Die zweite Jugendbewegung des 20. Jahrhunderts begann mit der gleichen Gebärde wie die erste, in der Hermann Hesse die Beispiele und Parolen geformt hatte und der er selbst manches verdankte. Die Veränderung des Ganzen aber sollte aus der durchgestandenen und durchdachten Reifung einzelner hervorgehen; dies war das Thema der frühen wie der späten Schriften Hesses gewesen. Damals wie jetzt war »der gemeinsame Feind der Philister und seine organisierte Zivilisation, die notorische Angst, unters Rad zu kommen, Bürger zu werden. [. . .] Dem Standard wurde die Eigengesetzlichkeit entgegengesetzt, dem bürgerlichen Rang die personale Würde.«[10] [. . .]

Die vom deutschen Pietismus geforderte Unmittelbarkeit des einzelnen zu Gott, soweit sie in Riten und Konventionen erworben und bewahrt werden sollte, hat Hesse in einer jahrzehntelangen Revolte gegen den theologischen Vater und dessen Christentum bekämpft, aber eben dadurch sich anverwandelt. Seine Wirkung in Deutschland wie in den USA, so unterschiedlich sie im konkreten sein mag, geht auf diese Maxime der Unmittelbarkeit des einzelnen zum Ganzen, auf die Forderung nach Unabhängigkeit von Konventionen und Grenzen zurück. Dieses Grundverlangen hat Hesse vorgelebt und in poetische Figuren übersetzt. [. . .]

Bernhard Gajek: Hermann Hesses Wirkung in den USA. In: Schweizer Monatshefte, 57. Jg., 1977, S. 295–309. Hier: S. 295–298, 305, 307. Ausschnitte.

---

(10) Gerhard Mahr: Demontage eines Bildes oder ein literaturkritisches Dilemma. Drei Kapitel zur Hesse-Rezeption der Gegenwart. In: Akzente, 23. April 1976, S. 181 f.

4. Hans-Joachim Bernhard: Hesse-Pflege und Hesse-Kult

(1973)

[...] Die objektiven Gründe für die Abwertung Hesses durch die offiziöse bürgerliche Literaturkritik liegen [...] letztlich darin, daß Hesses Kapitalismuskritik klar, offen und unerbittlich ist. [...] Im herrschenden ›Literaturbetrieb‹ wird Hesse zum Urvater der Depolitisierung gemacht, zum Ahnherrn eines sich langsam selbst erschöpfenden Protests. Der Hesse-Kult scheint geeignet, soziales Aufbegehren mit Milde und Verständnis zu registrieren, es dann aber im Interesse der herrschenden Klasse in eine ungefährliche Isolierung zu kanalisieren. [...] Hesse soll das Schicksal beschieden sein, zur Galionsfigur für die Integration der Integrationsunwilligen in die imperialistische Gesellschaft zu werden. [...] In der Zeichnung der Volksgestalten in Hesses Werk liegt wesentlich dessen Lebenskraft, Mit Liebe, Feingefühl und Verständnis zeigt er die vom Leben schlecht Behandelten. [...] Für sie, in ihrem Namen, kritisiert der Dichter ja schließlich die verfaulende Bürgerwelt; nicht für sich und allein in eigenem Interesse. Hier, gerade hier, sind die tiefen und festen Wurzeln von Hesses Humanismus, dessen oft höchst individualistische Ausprägung nur Medium der Rettung des Künstlers vor dem bürgerlichen Verfall war, weil die Volksverbundenheit nicht mit jener Einsicht einherging, daß man auch als Künstler dem Volk letztlich nur dann entscheidend helfen kann, wenn man sich mit den Kräften offen verbindet, die für geschichtliche Veränderungen in dessen Interesse wirken.

Hesses Werk gehört zu dem bürgerlichen Erbe, dem unsere Aufmerksamkeit gilt und das es voll verdient. [...]

Erst die sozialistische Kultur, und nur sie ist in der Lage, das eigentliche Anliegen solcher Autoren wie Hesse aufzunehmen und in der oft kleinlichen Begrenztheit die menschliche Größe zu erkennen und zu bewahren. [. . .]

Hans-Joachim Bernhard: Hesse-Pflege und Hesse-Kult. In: Fritz Böttger: Hermann Hesse. Leben, Werk, Zeit. Verlag der Nation, Berlin 1974, S. 445–473. (Zuerst: Neue Deutsche Literatur, 21, Jg., H. 1, S. 103–128, Berlin 1973.) Hier: S. 449, 469 f., 471 f. Ausschnitte.

5. Gert Mattenklott: Die Welt in Wasserfarben

(1977)

[. . .] Hesse war in der Tat ein ausschweifender Leser, und ein literarischer Autor im genauesten Verstande ist er gewesen, indem auch die Welt seiner Erfahrungen erlesen ist. [. . .] Neu ist das Dargestellte sogar in keiner Weise. Denn welche Empfindung ist uns durch Hesse genauer bekannt geworden, welche Wahrnehmung hätten wir ohne ihn nicht anstellen können? [. . .] Der Kosmos des inneren Menschen war – soweit Hesse ihn wahrzunehmen vermochte – schon in den Werken der Dichter des 19. Jahrhunderts längst ausgemessen. Auf das gesellschaftliche Leben aber hat er nichts gegeben. [. . .] Zur Ehrlichkeit, der Hesse sich verpflichtete, gehört sein Mut zur Trivialität. [. . .] Kritik an der Banalität, das heißt nicht Kritik daran, daß bei Hesse auch vom Gewöhnlichen die Rede ist. Das gerade mag noch die produktivste Seite seiner Ehrlichkeit sein, daß hier von den kleinen Ängsten der Schüler gesprochen wird und von den gestauchten Sehnsüchten der Gymnasiasten [. . .] Banal wird das Werk Hesses, weil es eingeklemmt bleibt in die Verstellungen der Pubertät, aus denen es sich nicht loswinden kann. Das zeigt sich am deutlichsten an seiner Konzentration auf Sexualität. Kaum eines der großen Themen seines Werks, das nicht unter ihrem Druck formuliert wäre, freilich ohne sie wirklich zur Sprache zu bringen; wie viele seiner beliebtesten Motive sind nicht ins Harmlose verschobene Triebregungen des Geschlechts. [. . .] Attraktiv ist Hesse [. . .], weil er die Unsicherheit und Rastlosigkeit, das Unbefriedigtsein an der Wirklichkeit und das Leiden an einer versagten Identität in ihr genießbar gemacht hat; auf zweifelhafte Weise: Er hat das Ziel alles Suchens und Wanderns gelöscht. Nicht die Dinge, das Selbst hat er zu verwandeln gefordert. Es bleibt die Schwüle verdrückter Begierden. [. . .] Mit der vertrackten Verspannung der Erotik Jugendlicher ist das Werk Hesses nicht zu Rande gekommen. Die Themen der Pubertät allein hätten seinen Weltruhm und seine Massenwirksamkeit freilich nicht begründen können. [. . .] Entsteht die Faszination, die er auszuüben vermag, nicht auch daraus, daß seine entwicklungspsychologischen Themen ein gesellschaftliches Problem breiter Schichten der bürgerlichen Kreise im Imperialismus verkleiden? Sind nicht in den Identitätskrisen Hesses die Leiden, Versagungen und Unsicherheiten des Teils der Bevölkerung artikuliert, der seine eigenen Interessen nicht deutlich formulieren kann und doch weiß, daß sie mit denen, die am Arbeitsplatz und in der gesellschaftlichen Öffentlichkeit herrschen, nicht identisch sind? [. . .]

Gert Mattenklott: Die Welt in Wasserfarben. Zur Wirkung von Hermann Hesse. In: Deutsche Volkszeitung, Nr. 26, 30. 6. 1977, S. 13. Ausschnitte.

6. Egon Schwarz: Hermann Hesse und die Zukunft

(1977)

[. . .] Hesse hat in seinem Leben und seinem Werk psychologisch und weltanschaulich auf den Übergang einer Agrargesellschaft in eine industrielle reagiert und dabei Abwehrmechanismen nach beiden Seiten entwickelt. Dieser ökonomische Verwandlungsprozeß geht aber nicht nur in den schon zu seinen Lebzeiten von ihm erfaßten Ländern weiter, sondern dehnt sich auf immer neue aus und eröffnet unserm Schriftsteller entsprechende Märkte. Die Spaltung in ideologische Lager fällt neben den erwähnten Grundtatsachen unserer Welt nicht sonderlich ins Gewicht. Auch hier überspielt nämlich Hesses Universalismus – und hierin liegt eins der Geheimnisse seiner Wirkung – die scheinbar so rigiden Grenzlinien. In staatlich gegängelten Gesellschaften kann man sich bei seinem Individualismus ohne Anspruch auf politische Rebellion Trost holen und an seinem Rückzug von der oppressiven Öffentlichkeit ein Beispiel nehmen. Ebenso brauchbar sind aber seine Lehren von der menschlichen Selbstverwirklichung in kapitalistischen Ländern mit wachsender Industrialisierung und erstarkender Bourgeoisie, der er Kritik und Lösung ihrer Probleme in einem bietet. [. . .]

Egon Schwarz: Hermann Hesse und die Zukunft. In: Text + Kritik 10/11, München 1977, S. 16–25. Hier: S. 24 f. Ausschnitt.

Zeittafel zu Leben und Werk

1877	2. Juli, H. wird in Calw (Württemberg) als Sohn des pietistischen Theologen Johannes Hesse und seiner Frau Marie geboren.
1881–1886	Basel. Der Vater lehrt am dortigen Missionshaus.
1886–1891	Calw. H. besucht die Lateinschulen in Calw und Göppingen und besteht das Landexamen. Der Vater ist im Calwer Verlagsverein tätig.
1891–1892	H. tritt im Herbst 1891 ins evangelisch-theologische Seminar im Kloster Maulbronn ein. Am 7./8. März 1892 flieht er aus dem Seminar, kehrt jedoch für kurze Zeit wieder zurück. Wegen fortdauernder depressiver und aggressiver Stimmungen scheidet er im Mai 1892 endgültig aus dem Seminar im Kloster Maulbronn aus. Daraufhin bringen ihn seine Eltern in die Erholungsanstalt Bad Boll. Nach einem Selbstmordversuch wird H. in einer Heilanstalt für Schwachsinnige und Epileptiker in Stetten untergebracht. Danach hält er sich einige Zeit in Basel auf. Seit Ende 1892 besucht er das Gymnasium in Cannstatt.
1893	H. besteht das Einjährigen-Examen in Cannstatt. Danach ist er drei Tage lang Lehrling bei einem Buchhändler in Esslingen.
1894–1895	H. ist 14 Monate lang Lehrling bei einer Turmuhrenfabrik in Calw. Er beginnt, systematisch zu lesen.
1895–1898	H. absolviert eine Buchhändlerlehre in Tübingen.
1898–1903	H. ist als Buchhändler und Antiquar in Tübingen und Basel tätig; erste Veröffentlichungen.
1899	›Romantische Lieder‹ (Gedichte); ›Eine Stunde hinter Mitternacht‹ (Prosagedichte).
1901	›Hinterlassene Schriften und Gedichte von Hermann Lauscher‹ (Gedichte und Prosastücke).
1902	Tod der Mutter H.s.
1904	›Peter Camenzind‹ (Roman). Großer Erfolg vor allem bei Anhängern der Jugendbewegung. H. kann nun finanziell unabhängig als Schriftsteller

	leben (bis 1912: am Bodensee). Ehe mit Maria Bernuoilli.
1905	Geburt des Sohnes Bruno.
1906	›Unterm Rad‹ (Roman). Die Erstauflage erschien im Oktober 1905 und erreichte bis zum Jahresende das 15. Tausend. 1926 lag die 122. Auflage vor, 1973 erschien das 301. Tausend.
1909	Geburt des Sohnes Heinrich.
1910	›Gertrud‹ (Roman).
1911	Geburt des Sohnes Martin. H. ist erfolgreicher Schriftsteller und Buchkritiker. Seine Ehe gerät in eine Krise. Er reist nach Indien.
1912–1919	H. wohnt in Bern.
1913	›Aus Indien‹.
1914	›Roßhalde‹ (Roman).
1914–1919	Tätigkeit in der ›Deutschen Gefangenenfürsorge Bern‹.
1915	›Knulp‹ (Roman).
1916	Tod des Vaters. Gemütskrankheit der Frau. H. begibt sich in psychoanalytische Behandlung bei einem Schüler von C. G. Jung.
1919	›Demian‹ (Roman). Übersiedlung nach Montagnola (Tessin). Seine Frau Maria wird wegen ihres Gemütsleidens in eine Anstalt gebracht; die Kinder kommen zu Bekannten.
1920	›Klingsors letzter Sommer‹ (Erzählungen).
1922	›Siddharta‹ (Roman).
1923	Scheidung. H. wird Schweizer Staatsbürger.
1924	Ehe mit Ruth Wenger.
1925	›Kurgast‹ (Betrachtungen).
1926	Aufnahme in die Preußische Dichterakademie.
1927	›Der Steppenwolf‹ (Roman). Scheidung von seiner Frau Ruth.
1930	›Narziß und Goldmund‹ (Roman). Austritt aus der Preußischen Akademie der Künste.
1931	Ehe mit Ninon Dolbin.
1932	›Die Morgenlandfahrt‹ (Erzählung).
1943	›Das Glasperlenspiel‹ (Roman).
1946	Nobelpreis. Frankfurter Goethepreis.

1955	Friedenspreis des Deutschen Buchhandels. Aufnahme in die Friedensklasse des Ordens pour le mérite.
1962	9. August: Tod in Montagnola.

Nach Ulrike Weingarten: Chronik zu Hermann Hesses Leben und Werk. In: Text + Kritik 10/11, 1977, S. 116–121. – Bernhard Zeller: Hermann Hesse in Selbstzeugnissen und Bilddokumenten. Rowohlt, Reinbek bei Hamburg 1963 (Ausgabe 1977). rowohlts monographien 85, S. 163–165. – Christiane Völpel: Hermann Hesse und die deutsche Jugendbewegung, s. o. – Wilfried Gottschalch: Schülerkrisen, s. o.